保守国家秘密法
学习宣传本

中国法制出版社

ISBN 978-7-5216-4330-5

图书在版编目（CIP）数据

保守国家秘密法学习宣传本／中国法制出版社编
. —北京：中国法制出版社，2024.3
ISBN 978-7-5216-4330-5

Ⅰ．①保…　Ⅱ．①中…　Ⅲ．①保密法-中国-学习参
考资料　Ⅳ．①D922.144

中国国家版本馆 CIP 数据核字（2024）第 042706 号

责任编辑：杨　智　　　　　　　　　　封面设计：杨泽江

保守国家秘密法学习宣传本
BAOSHOU GUOJIA MIMIFA XUEXI XUANCHUANBEN
编者/中国法制出版社
经销/新华书店
印刷/三河市国英印务有限公司
开本/850 毫米×1168 毫米　32 开　　　印张/ 1.5　字数/ 23 千
版次/2024 年 3 月第 1 版　　　　　　2024 年 3 月第 1 次印刷

中国法制出版社出版
书号 ISBN 978-7-5216-4330-5　　　　　　　定价：13.50 元

北京市西城区西便门西里甲 16 号西便门办公区
邮政编码：100053　　　　　　　　传真：010-63141600
网址：http：//www.zgfzs.com　　　　**编辑部电话：010-63141816**
市场营销部电话：010-63141612　　　　**印务部电话：010-63141606**

（如有印装质量问题，请与本社印务部联系。）

出 版 说 明

　　保密工作历来是党和国家的一项重要工作，在我国革命、建设、改革各个历史时期，都发挥了不可替代的重要作用。保密法是我国保密领域的基础性、综合性法律。1988 年制定、2010 年修订的保密法，有力促进了保密事业发展，对于保守国家秘密，维护国家安全和利益发挥了重要作用。进入新时代，国际国内形势发生深刻变化，科技发展日新月异，保密工作面临一些新问题新挑战。为更好地适应新形势新任务，有必要对保密法进行修改完善。

　　《中华人民共和国保守国家秘密法》（以下简称《保密法》，已由第十四届全国人民代表大会常务委员会第八次会议于 2024 年 2 月 27 日修订通过，国家主席习近平签署第 20 号中华人民共和国主席令予以公布，自 2024 年 5 月 1 日起施行。

　　此次《保密法》修订以习近平新时代中国特色社会主义思想为指导，深入贯彻党中央关于保密工作的决策部署和习近平总书记重要指示批示精神，全面贯彻习近平法治思想，坚持总体国家安全观，统筹发展与安全，将党的十八大以来保密工作成熟有效的政策措施和实践经验上升为法律制度，为切实筑牢国家秘密安全防线提供了更加有力的法治保障。《保密法》修订，是加强保密法治建设的重大成果，是健全国家安全体系的必然要求，对于推动保密工作高质量发展，维护国家主权、安全、发展利益具有重要而深远的意义。

为帮助广大读者更好地学习和了解新修订的《保密法》，特编写此学习宣传本。

本书具有如下特点：

一是配上了知识点和典型案例，梳理延伸知识，便于更好地普及保密相关法律知识。

二是采用了大字版式，从而更加适合读者学习使用。

三是编写了条文主旨，便于读者理解法条主要内容。

四是采用了双色印制，区分不同板块，为读者提供更好的阅读体验。

希望本书能够为读者学习、了解《保密法》和相关知识提供便利和帮助。同时，也希望本书能为新时代法治宣传教育工作的持续开展起到一定助推作用。

目 录

中华人民共和国保守国家秘密法

中华人民共和国保守国家秘密法

（1988 年 9 月 5 日第七届全国人民代表大会常务委员会第三次会议通过 2010 年 4 月 29 日第十一届全国人民代表大会常务委员会第十四次会议第一次修订 2024 年 2 月 27 日第十四届全国人民代表大会常务委员会第八次会议第二次修订）

第一章 总 则

第一条 【立法目的】①　为了保守国家秘密，维护国家安全和利益，保障改革开放和社会主义现代化建设事业的顺利进行，根据宪法，制定本法。

第二条 【国家秘密的定义】国家秘密是关系国家安全和利益，依照法定程序确定，在一定时间内只限一定范围的人员知悉的事项。

---

① 条文主旨非法条原文，为编者所加，仅供参考。

第三条 【保密工作的领导者和领导机构】坚持中国共产党对保守国家秘密（以下简称保密）工作的领导。中央保密工作领导机构领导全国保密工作，研究制定、指导实施国家保密工作战略和重大方针政策，统筹协调国家保密重大事项和重要工作，推进国家保密法治建设。

第四条 【保密工作遵循的原则】保密工作坚持总体国家安全观，遵循党管保密、依法管理，积极防范、突出重点，技管并重、创新发展的原则，既确保国家秘密安全，又便利信息资源合理利用。

法律、行政法规规定公开的事项，应当依法公开。

第五条 【国家秘密的保护】国家秘密受法律保护。

一切国家机关和武装力量、各政党和各人民团体、企业事业组织和其他社会组织以及公民都有保密的义务。

任何危害国家秘密安全的行为，都必须受到法律追究。

第六条 【主管保密工作的行政管理部门】国家保密行政管理部门主管全国的保密工作。县级以上地方各级保密行政管理部门主管本行政区域的保密工作。

第七条 【国家机关和有关单位的保密工作】国家机关和涉及国家秘密的单位（以下简称机关、单位）管理本机关和本单位的保密工作。

中央国家机关在其职权范围内管理或者指导本系统的保密工作。

第八条 【保密工作责任制】机关、单位应当实行保密工作责任制，依法设置保密工作机构或者指定专人负责保密工作，健全保密管理制度，完善保密防护措施，开展保密宣传教育，加强保密监督检查。

第九条 【保密宣传教育】国家采取多种形式加强保密宣传教育，将保密教育纳入国民教育体系和公务员教育培训体系，鼓励大众传播媒介面向社会进行保密宣传教育，普及保密知识，宣传保密法治，增强全社会的保密意识。

第十条 【鼓励和支持保密科学技术研究和应用】国家鼓励和支持保密科学技术研究和应用，提升自主创新能力，依法保护保密领域的知识产权。

支持保密科技创新，依法保护保密领域的知识产权

新修订的《保密法》增加支持保密科技创新的条款，总则第十条规定"国家鼓励和支持保密科学技术研究和应用，提升自主创新能力，依法保护保密领域的知识产权"，为保密科技实现高水平自立自强提供法律支持。

第十一条　【政府应将保密工作纳入规划和预算】县级以上人民政府应当将保密工作纳入本级国民经济和社会发展规划，所需经费列入本级预算。

机关、单位开展保密工作所需经费应当列入本机关、本单位年度预算或者年度收支计划。

第十二条　【保密人才培养和队伍建设】国家加强保密人才培养和队伍建设，完善相关激励保障机制。

对在保守、保护国家秘密工作中做出突出贡献的组织和个人，按照国家有关规定给予表彰和奖励。

第二章　国家秘密的范围和密级

第十三条　【应确定为国家秘密的事项】下列涉及国家安全和利益的事项，泄露后可能损害国家在政治、经济、国防、外交等领域的安全和利益的，应当确定为国家秘密：

（一）国家事务重大决策中的秘密事项；

（二）国防建设和武装力量活动中的秘密事项；

（三）外交和外事活动中的秘密事项以及对外承担保密义务的秘密事项；

（四）国民经济和社会发展中的秘密事项；

（五）科学技术中的秘密事项；

（六）维护国家安全活动和追查刑事犯罪中的秘密事项；

（七）经国家保密行政管理部门确定的其他秘密事项。

政党的秘密事项中符合前款规定的，属于国家秘密。

陈某某为境外刺探、非法提供国家秘密案①

被告人陈某某系某职业技术学院学生。2020 年 2 月中旬，陈某某通过某交友 APP 结识了境外人员"涵"。陈某某在明知"涵"是境外人员的情况下，为获取报酬，于 2020 年 3 月至 2020 年 7 月间，按照"涵"的要求，多次前往军港等军事基地，观察、搜集、拍摄涉军装备及部队位置等信息，并通过相关软件发送给"涵"。陈某某先后收受"涵"通过微信、支付宝转账的报酬共计人民币 1 万余元以及鱼竿、卡西欧手表等财物。经密级鉴定，陈某某发送给"涵"的图片涉及 1 项机密级军事秘密、2 项秘密级军事秘密和 2 项内部事项。

最终，陈某某因犯为境外刺探、非法提供国家秘密罪被判处有期徒刑 6 年，剥夺政治权利 2 年，并处没收个人财产人民币 1 万元。

---

① 参见《检察机关依法惩治危害国家安全犯罪典型案例》，载最高人民检察院网，https：//www. spp. gov. cn/spp/xwfbh/wsfbt/202204/t20220416_554500. shtml#1，最后访问时间 2024 年 3 月 1 日。

随着互联网科技的发展，各类网络平台和软件等成为犯罪分子进行犯罪的温床。本案中，境外人员"涵"通过某交友 APP 联系到某职业技术学院学生陈某某，让其多次前往军港等军事基地，观察、搜集、拍摄涉军装备及部队位置等信息并发送给自己；而陈某某收受相关报酬，逐步成为境外不法分子"涵"的"猎物"，最终被判犯为境外刺探、非法提供国家秘密罪。

国防建设和武装力量活动中，涉及国家安全和利益的事项，泄露后可能损害国家在政治、经济、国防、外交等领域的安全和利益的，应当确定为国家秘密。公民在互联网求职或交友等活动中，要切实提高国家安全意识，避免被相关人员利用，履行好自身的保密义务。

第十四条　【国家秘密的密级】国家秘密的密级分为绝密、机密、秘密三级。

绝密级国家秘密是最重要的国家秘密，泄露会使国家安全和利益遭受特别严重的损害；机密级国家秘密是重要的国家秘密，泄露会使国家安全和利益遭受严重的损害；秘密级国家秘密是一般的国家秘密，泄露会使国家安全和利益遭受损害。

第十五条 【保密事项范围的确定】国家秘密及其密级的具体范围（以下简称保密事项范围），由国家保密行政管理部门单独或者会同有关中央国家机关规定。

军事方面的保密事项范围，由中央军事委员会规定。

保密事项范围的确定应当遵循必要、合理原则，科学论证评估，并根据情况变化及时调整。保密事项范围的规定应当在有关范围内公布。

知识点 强化国家秘密的精准保护，最大限度保障信息资源合理利用

新修订的《保密法》充分考虑了信息公开与保密的关系，进一步强化国家秘密的精准保护，最大限度保障信息资源合理利用。比如，规定"保密事项范围的确定应当遵循必要、合理原则，科学论证评估，并根据情况变化及时调整。保密事项范围的规定应当在有关范围内公布"（第十五条第三款），并要求每年开展国家秘密审核，进一步推进精准定密、及时解密等。同时，增加了信息公开保密审查专门条款，规定"机关、单位应当依法对拟公开的信息进行保密审查，遵守国家保密规定"（第三十五条），建立起信

息公开的"安全网"，做到该保密的信息坚决守住，该公开的信息依法公开。

第十六条　【定密责任人及其职责】机关、单位主要负责人及其指定的人员为定密责任人，负责本机关、本单位的国家秘密确定、变更和解除工作。

机关、单位确定、变更和解除本机关、本单位的国家秘密，应当由承办人提出具体意见，经定密责任人审核批准。

第十七条　【确定国家秘密的密级】确定国家秘密的密级，应当遵守定密权限。

中央国家机关、省级机关及其授权的机关、单位可以确定绝密级、机密级和秘密级国家秘密；设区的市级机关及其授权的机关、单位可以确定机密级和秘密级国家秘密；特殊情况下无法按照上述规定授权定密的，国家保密行政管理部门或者省、自治区、直辖市保密行政管理部门可以授予机关、单位定密权限。具体的定密权限、授权范围由国家保密行政管理部门规定。

下级机关、单位认为本机关、本单位产生的有关定密事项属于上级机关、单位的定密权限，应当先行采取保密措施，并立即报请上级机关、单位确定；没有上级机关、单位的，应当立即提请有相应定密权限的业务主管部门或者保密行政管理部门确定。

公安机关、国家安全机关在其工作范围内按照规定的权限确定国家秘密的密级。

第十八条　【派生定密】机关、单位执行上级确定的国家秘密事项或者办理其他机关、单位确定的国家秘密事项，需要派生定密的，应当根据所执行、办理的国家秘密事项的密级确定。

第十九条　【机关、单位对所产生的国家秘密事项的保密】机关、单位对所产生的国家秘密事项，应当按照保密事项范围的规定确定密级，同时确定保密期限和知悉范围；有条件的可以标注密点。

第二十条　【国家秘密的保密期限】国家秘密的保密期限，应当根据事项的性质和特点，按照维护国家安全和利益的需要，限定在必要的期限内；不能确定期限的，应当确定解密的条件。

国家秘密的保密期限，除另有规定外，绝密级不超过三十年，机密级不超过二十年，秘密级不超过十年。

机关、单位应当根据工作需要，确定具体的保密期限、解密时间或者解密条件。

机关、单位对在决定和处理有关事项工作过程中确定需要保密的事项，根据工作需要决定公开的，正式公布时即视为解密。

第二十一条 【国家秘密的知悉范围】国家秘密的知悉范围，应当根据工作需要限定在最小范围。

国家秘密的知悉范围能够限定到具体人员的，限定到具体人员；不能限定到具体人员的，限定到机关、单位，由该机关、单位限定到具体人员。

国家秘密的知悉范围以外的人员，因工作需要知悉国家秘密的，应当经过机关、单位主要负责人或者其指定的人员批准。原定密机关、单位对扩大国家秘密的知悉范围有明确规定的，应当遵守其规定。

第二十二条 【国家秘密标志】机关、单位对承载国家秘密的纸介质、光介质、电磁介质等载体（以下简称国家秘密载体）以及属于国家秘密的设备、产品，应当作出国家秘密标志。

涉及国家秘密的电子文件应当按照国家有关规定作出国家秘密标志。

不属于国家秘密的，不得作出国家秘密标志。

第二十三条　【密级、保密期限和知悉范围的变更】国家秘密的密级、保密期限和知悉范围，应当根据情况变化及时变更。国家秘密的密级、保密期限和知悉范围的变更，由原定密机关、单位决定，也可以由其上级机关决定。

国家秘密的密级、保密期限和知悉范围变更的，应当及时书面通知知悉范围内的机关、单位或者人员。

第二十四条　【国家秘密的审核与解密】机关、单位应当每年审核所确定的国家秘密。

国家秘密的保密期限已满的，自行解密。在保密期限内因保密事项范围调整不再作为国家秘密，或者公开后不会损害国家安全和利益，不需要继续保密的，应当及时解密；需要延长保密期限的，应当在原保密期限届满前重新确定密级、保密期限和知悉范围。提前解密或者延长保密期限的，由原定密机关、单位决定，也可以由其上级机关决定。

知识点　进一步完善定密、解密制度，增强实践中的可操作性

新修订的《保密法》，进一步完善了定密、解密相关制度。定密制度方面，规定"保密事项范围的确

定应当遵循必要、合理原则，科学论证评估，并根据情况变化及时调整。保密事项范围的规定应当在有关范围内公布"（第十五条第三款）；完善定密责任人制度和定密授权机制，并对密点标注作出原则规定，进一步推动定密精准化、科学化。解密制度方面，规定"机关、单位应当每年审核所确定的国家秘密"（第二十四条第一款）；明确了未履行解密审核责任造成严重后果的法律责任，即"机关、单位违反本法规定……未履行解密审核责任，造成严重后果的，依法对直接负责的主管人员和其他直接责任人员给予处分"（第五十八条第二款），进一步压实定密机关、单位解密审核的主体责任。

第二十五条　【国家秘密和密级不明确或有争议的处理】机关、单位对是否属于国家秘密或者属于何种密级不明确或者有争议的，由国家保密行政管理部门或者省、自治区、直辖市保密行政管理部门按照国家保密规定确定。

第三章　保密制度

第二十六条　【国家秘密载体的制作、收发、传递、使用、复制、保存、维修和销毁】国家秘密载体的制作、收发、传递、使用、复制、保存、维修和销毁，应当符合国家保密规定。

绝密级国家秘密载体应当在符合国家保密标准的设施、设备中保存，并指定专人管理；未经原定密机关、单位或者其上级机关批准，不得复制和摘抄；收发、传递和外出携带，应当指定人员负责，并采取必要的安全措施。

第二十七条　【属于国家秘密的设备、产品的研制、生产、运输、使用、保存、维修和销毁】属于国家秘密的设备、产品的研制、生产、运输、使用、保存、维修和销毁，应当符合国家保密规定。

第二十八条　【机关、单位应加强对国家秘密载体管理】机关、单位应当加强对国家秘密载体的管理，任何组织和个人不得有下列行为：

（一）非法获取、持有国家秘密载体；

（二）买卖、转送或者私自销毁国家秘密载体；

（三）通过普通邮政、快递等无保密措施的渠道传递国家秘密载体；

（四）寄递、托运国家秘密载体出境；

（五）未经有关主管部门批准，携带、传递国家秘密载体出境；

（六）其他违反国家秘密载体保密规定的行为。

第二十九条 【国家秘密相关禁止行为】禁止非法复制、记录、存储国家秘密。

禁止未按照国家保密规定和标准采取有效保密措施，在互联网及其他公共信息网络或者有线和无线通信中传递国家秘密。

禁止在私人交往和通信中涉及国家秘密。

第三十条 【涉密信息系统的分级保护及规划、建设、运行、维护和风险评估】存储、处理国家秘密的计算机信息系统（以下简称涉密信息系统）按照涉密程度实行分级保护。

涉密信息系统应当按照国家保密规定和标准规划、建设、运行、维护，并配备保密设施、设备。保密设施、设备应当与涉密信息系统同步规划、同步建设、同步运行。

涉密信息系统应当按照规定，经检查合格后，方可投入使用，并定期开展风险评估。

第三十一条 【机关、单位应加强对信息系统、信息设备的保密管理】机关、单位应当加强对信息系统、信息设备的保密管理，建设保密自监管设施，及时发现并处置安全保密风险隐患。任何组织和个人不得有下列行为：

（一）未按照国家保密规定和标准采取有效保密措施，将涉密信息系统、涉密信息设备接入互联网及其他公共信息网络；

（二）未按照国家保密规定和标准采取有效保密措施，在涉密信息系统、涉密信息设备与互联网及其他公共信息网络之间进行信息交换；

（三）使用非涉密信息系统、非涉密信息设备存储或者处理国家秘密；

（四）擅自卸载、修改涉密信息系统的安全技术程序、管理程序；

（五）将未经安全技术处理的退出使用的涉密信息设备赠送、出售、丢弃或者改作其他用途；

（六）其他违反信息系统、信息设备保密规定的行为。

新修订的《保密法》进一步完善保密科技防护制度措施。一方面，规定涉密信息系统规划、建设、运行、维护全流程应当符合国家保密规定和标准，并配备保密设施、设备，明确涉密信息系统定期风险评估要求，"涉密信息系统应当按照规定，经检查合格后，方可投入使用，并定期开展风险评估"（第三十条第三款），避免"带病运行"；另一方面，规定"机关、单位应当加强对信息系统、信息设备的保密管理，建设保密自监管设施，及时发现并处置安全保密风险隐患"（第三十一条）。

第三十二条 【安全保密产品和保密技术装备应符合规定和标准】用于保护国家秘密的安全保密产品和保密技术装备应当符合国家保密规定和标准。

国家建立安全保密产品和保密技术装备抽检、复检制度，由国家保密行政管理部门设立或者授权的机构进行检测。

第三十三条 【报刊、图书、音像制品、电子出版物和广播节目、电视节目、电影以及网络信息等应遵守保密规定】报刊、图书、音像制品、电子出版物的编辑、出版、印制、发行，广播节目、电视节目、电影的制作和播放，网络信息的制作、复制、发布、传播，应当遵守国家保密规定。

第三十四条 【网络运营者应配合涉嫌泄密案件调查处理、报告涉嫌泄密信息以及按要求删除和进行技术处理】网络运营者应当加强对其用户发布的信息的管理，配合监察机关、保密行政管理部门、公安机关、国家安全机关对涉嫌泄露国家秘密案件进行调查处理；发现利用互联网及其他公共信息网络发布的信息涉嫌泄露国家秘密的，应当立即停止传输该信息，保存有关记录，向保密行政管理部门或者公安机关、国家安全机关报告；应当根据保密行政管理部门或者公安机关、国家安全机关的要求，删除涉及泄露国家秘密的信息，并对有关设备进行技术处理。

知识点 完善网络信息保密管理制度

新修订的《保密法》进一步完善了网络信息保密管理制度。明确了网络信息的制作、复制、发布、传播等各个环节均应当遵守国家保密规定。此外，规定网络运营者应当配合有关部门对涉嫌泄露国家秘密案件进行调查处理；发现利用互联网及其他公共信息网络发布的信息涉嫌泄露国家秘密的，应当及时处置报告，并根据要求删除涉及泄露国家秘密的信息，对有关设备进行技术处理等。

第三十五条　【对拟公开的信息进行保密审查】机关、单位应当依法对拟公开的信息进行保密审查，遵守国家保密规定。

第三十六条　【涉及国家秘密的数据处理及安全监管】开展涉及国家秘密的数据处理活动及其安全监管应当符合国家保密规定。

国家保密行政管理部门和省、自治区、直辖市保密行政管理部门会同有关主管部门建立安全保密防控机制，采取安全保密防控措施，防范数据汇聚、关联引发的泄密风险。

机关、单位应当对汇聚、关联后属于国家秘密事项的数据依法加强安全管理。

知识点 加强与《数据安全法》协同衔接，强化涉国家秘密数据管理

《数据安全法》对数据的收集、存储、使用、加工、传输、提供、公开和安全监管作了系统规定，并明确涉密数据处理活动适用《保密法》等法律法规。

新修订的《保密法》加强了与《数据安全法》的协同衔接，规定"开展涉及国家秘密的数据处理活动及其安全监管应当符合国家保密规定"（第三十六条第一款），并明确对汇聚、关联后属于国家秘密事项的数据加强安全管理。

案例

龚某某非法获取国家秘密案①

被告人龚某某，男，某园林公司草皮养护人员。2021 年 4 月 2 日下午，被告人龚某某在某部队机场附近从事草坪修剪工作时，翻越该机场防护栏潜入机场军事管理区，使用手机非法拍摄战机照片和视频并发布在短视频平台。经部队保密委员会鉴定，被告人龚某某拍摄的照片、视频内容均为机密级。

2021 年 7 月 19 日，检察机关以非法获取国家秘密罪对龚某某提起公诉。同年 7 月 27 日，法院以龚某某犯非法获取国家秘密罪，判处有期徒刑 1 年 2 个月，缓

---

① 参见《全国检察机关依法惩治危害国防利益、侵犯军人军属合法权益犯罪典型案例》，载最高人民检察院网，https://www.spp.gov.cn/xwfbh/wsfbt/202307/t20230728_623148.shtml#2，最后访问时间 2024 年 3 月 1 日。

刑1年6个月。龚某某未上诉。

评析 ....

　　本案中，龚某某是某园林公司草皮养护人员，其在某部队机场附近从事草坪修剪工作时，基于猎奇与炫耀心理，明知该机场系军事禁区且有警告牌等告示，仍拍摄属于国家秘密的部队现役装备并在短视频平台传播。龚某某拍摄的战机照片和视频，经鉴定属于国家秘密。按照法律规定，龚某某发布的照片及短视频数量尚未达到情节严重标准，故不以故意泄露国家秘密罪惩处。检察机关以非法获取国家秘密罪对龚某某提起公诉，被法院判决采纳。

　　此外，该案也带来一些启示，即有关机关、单位要不断加强法治宣传和国防教育，增强公众的国防安全意识，促使民众自觉地守护国家安全和国防利益。

　　第三十七条　【境外相关组织、机构、人员涉国家秘密的管理】机关、单位向境外或者向境外在中国境内设立的组织、机构提供国家秘密，任用、聘用的境外人员因工作需要知悉国家秘密的，按照国家有关规定办理。

第三十八条 【举办会议或其他活动涉国家秘密的管理】举办会议或者其他活动涉及国家秘密的，主办单位应当采取保密措施，并对参加人员进行保密教育，提出具体保密要求。

第三十九条 【保密要害部门和保密要害部位的保密管理】机关、单位应当将涉及绝密级或者较多机密级、秘密级国家秘密的机构确定为保密要害部门，将集中制作、存放、保管国家秘密载体的专门场所确定为保密要害部位，按照国家保密规定和标准配备、使用必要的技术防护设施、设备。

第四十条 【军事禁区、军事管理区等的保密管理】军事禁区、军事管理区和属于国家秘密不对外开放的其他场所、部位，应当采取保密措施，未经有关部门批准，不得擅自决定对外开放或者扩大开放范围。

涉密军事设施及其他重要涉密单位周边区域应当按照国家保密规定加强保密管理。

第四十一条 【从事涉国家秘密业务的企业事业单位的保密管理能力和保密资质】从事涉及国家秘密业务的企业事业单位，应当具备相应的保密管理能力，遵守国家保密规定。

从事国家秘密载体制作、复制、维修、销毁，涉密信息系统集成，武器装备科研生产，或者涉密军事设施建设等涉及国家秘密业务的企业事业单位，应当经过审查批准，取得保密资质。

第四十二条 【机关、单位采购涉及国家秘密的货物、服务等的保密管理】采购涉及国家秘密的货物、服务的机关、单位，直接涉及国家秘密的工程建设、设计、施工、监理等单位，应当遵守国家保密规定。

机关、单位委托企业事业单位从事涉及国家秘密的业务，应当与其签订保密协议，提出保密要求，采取保密措施。

第四十三条 【涉密人员的管理】在涉密岗位工作的人员（以下简称涉密人员），按照涉密程度分为核心涉密人员、重要涉密人员和一般涉密人员，实行分类管理。

任用、聘用涉密人员应当按照国家有关规定进行审查。

涉密人员应当具有良好的政治素质和品行，经过保密教育培训，具备胜任涉密岗位的工作能力和保密知识技能，签订保密承诺书，严格遵守国家保密规定，承担保密责任。

涉密人员的合法权益受法律保护。对因保密原因合法权益受到影响和限制的涉密人员，按照国家有关规定给予相应待遇或者补偿。

第四十四条 【涉密人员管理制度】机关、单位应当建立健全涉密人员管理制度，明确涉密人员的权利、岗位责任和要求，对涉密人员履行职责情况开展经常性的监督检查。

第四十五条 【涉密人员出境】涉密人员出境应当经有关部门批准，有关机关认为涉密人员出境将对国家安全造成危害或者对国家利益造成重大损失的，不得批准出境。

第四十六条 【涉密人员离岗离职和脱密期管理】涉密人员离岗离职应当遵守国家保密规定。机关、单位应当开展保密教育提醒，清退国家秘密载体，实行脱密期管理。涉密人员在脱密期内，不得违反规定就业和出境，不得以任何方式泄露国家秘密；脱密期结束后，应当遵守国家保密规定，对知悉的国家秘密继续履行保密义务。涉密人员严重违反离岗离职及脱密期国家保密规定的，机关、单位应当及时报告同级保密行政管理部门，由保密行政管理部门会同有关部门依法采取处置措施。

知识点 加强涉密人员合法权益保护和脱密期管理

新修订的《保密法》进一步加强涉密人员的合法权益保护和脱密期管理，明确规定"……对因保密原因合法权益受到影响和限制的涉密人员，按照国家有关规定给予相应待遇或者补偿"（第四十三条第四款），以及"……机关、单位应当开展保密教育提醒，清退国家秘密载体，实行脱密期管理。……脱密期结束后，应当遵守国家保密规定，对知悉的国家秘密继续履行保密义务。涉密人员严重违反离岗离职及脱密期国家保密规定的，机关、单位应当及时报告同级保密行政管理部门，由保密行政管理部门会同有关部门依法采取处置措施"（第四十六条）。

第四十七条 **【发现国家秘密泄露的补救措施和及时报告】**国家工作人员或者其他公民发现国家秘密已经泄露或者可能泄露时，应当立即采取补救措施并及时报告有关机关、单位。机关、单位接到报告后，应当立即作出处理，并及时向保密行政管理部门报告。

第四章　监督管理

第四十八条　【制定保密规章和国家保密标准】国家保密行政管理部门依照法律、行政法规的规定，制定保密规章和国家保密标准。

第四十九条　【对保密工作进行指导和监督管理】保密行政管理部门依法组织开展保密宣传教育、保密检查、保密技术防护、保密违法案件调查处理工作，对保密工作进行指导和监督管理。

第五十条　【发现国家秘密确定、变更或解除不当的及时通知纠正】保密行政管理部门发现国家秘密确定、变更或者解除不当的，应当及时通知有关机关、单位予以纠正。

第五十一条　【对遵守保密法律法规和相关制度情况的检查和处理】保密行政管理部门依法对机关、单位遵守保密法律法规和相关制度的情况进行检查；涉嫌保密违法的，应当及时调查处理或者组织、督促有关机关、单位调查处理；涉嫌犯罪的，应当依法移送监察机关、司法机关处理。

对严重违反国家保密规定的涉密人员，保密行政管理部门应当建议有关机关、单位将其调离涉密岗位。

有关机关、单位和个人应当配合保密行政管理部门依法履行职责。

第五十二条 【保密检查和案件调查处理的具体措施】保密行政管理部门在保密检查和案件调查处理中，可以依法查阅有关材料、询问人员、记录情况，先行登记保存有关设施、设备、文件资料等；必要时，可以进行保密技术检测。

保密行政管理部门对保密检查和案件调查处理中发现的非法获取、持有的国家秘密载体，应当予以收缴；发现存在泄露国家秘密隐患的，应当要求采取措施，限期整改；对存在泄露国家秘密隐患的设施、设备、场所，应当责令停止使用。

第五十三条 【保密事项及其密级鉴定】办理涉嫌泄露国家秘密案件的机关，需要对有关事项是否属于国家秘密、属于何种密级进行鉴定的，由国家保密行政管理部门或者省、自治区、直辖市保密行政管理部门鉴定。

第五十四条 【对机关、单位不依法处分违反保密规定相关人员的处理】机关、单位对违反国家保密规定的人员不依法给予处分的，保密行政管理部门应当建议纠正；对拒不纠正的，提请其上一级机关或者监察机关对该机关、单位负有责任的领导人员和直接责任人员依法予以处理。

第五十五条 【保密风险评估机制、监测预警制度、应急处置制度】设区的市级以上保密行政管理部门建立保密风险评估机制、监测预警制度、应急处置制度，会同有关部门开展信息收集、分析、通报工作。

第五十六条 【保密协会等行业组织推动行业自律】保密协会等行业组织依照法律、行政法规的规定开展活动，推动行业自律，促进行业健康发展。

第五章 法律责任

第五十七条 【违反本法规定依法予以处分的情形】违反本法规定，有下列情形之一，根据情节轻重，依法给予处分；有违法所得的，没收违法所得：

（一）非法获取、持有国家秘密载体的；

（二）买卖、转送或者私自销毁国家秘密载

体的;

（三）通过普通邮政、快递等无保密措施的渠道传递国家秘密载体的;

（四）寄递、托运国家秘密载体出境，或者未经有关主管部门批准，携带、传递国家秘密载体出境的;

（五）非法复制、记录、存储国家秘密的;

（六）在私人交往和通信中涉及国家秘密的;

（七）未按照国家保密规定和标准采取有效保密措施，在互联网及其他公共信息网络或者有线和无线通信中传递国家秘密的;

（八）未按照国家保密规定和标准采取有效保密措施，将涉密信息系统、涉密信息设备接入互联网及其他公共信息网络的;

（九）未按照国家保密规定和标准采取有效保密措施，在涉密信息系统、涉密信息设备与互联网及其他公共信息网络之间进行信息交换的;

（十）使用非涉密信息系统、非涉密信息设备存储、处理国家秘密的;

（十一）擅自卸载、修改涉密信息系统的安全技术程序、管理程序的;

（十二）将未经安全技术处理的退出使用的涉密信息设备赠送、出售、丢弃或者改作其他用途的；

（十三）其他违反本法规定的情形。

有前款情形尚不构成犯罪，且不适用处分的人员，由保密行政管理部门督促其所在机关、单位予以处理。

案例

黄某某泄露国家秘密案①

2021年3月，因工作需要，国家安全机关多次前往北京市西城区某餐厅开展工作，依法要求该餐厅副经理黄某某配合调查，同时告知其保守秘密的义务。不久后，国家安全机关工作发现，该餐厅配合调查的情况疑似被其他人员知悉掌握，给后续工作开展带来了严重不利影响。国家安全机关随即对这一情况进行了深入调查。通过进一步调查取证，证实了黄某某涉嫌泄露有关

---

① 参见《餐厅老板竟故意泄露国家秘密！国家安全机关公布典型案例》，载中国长安网，http：//www.chinapeace.gov.cn/chinapeace/c100007/2022－04/16/content _12617280. shtml，最后访问时间2024年3月1日。

反间谍工作的国家秘密。

经鉴定，黄某某泄露内容系秘密级国家秘密。在确凿的证据面前，黄某某如实交代，其在明确被告知应保守国家秘密的前提下，先后两次故意对外泄露国家安全机关依法开展工作的情况。此外，在国家安全机关此前依法要求黄某某配合调查时，他还对办案人员故意隐瞒了其所知悉的情况。针对以上违法事实，根据《反间谍法》第三十一条①之规定， 2021 年 6 月 17 日，国家安全机关对黄某某处以行政拘留十五日的处罚。

评析

《国家安全法》第七十七条规定，公民和组织应当履行下列维护国家安全的义务：一是遵守宪法、法律法规关于国家安全的有关规定；二是及时报告危害国家安全活动的线索；三是如实提供所知悉的涉及危害国家安全活动的证据；四是为国家安全工作提供便利条件或者其他协助；五是向国家安全机关、公安机关和有关军事机关提供必要的支持和协助；六是保守所知悉的国家秘密；七是法律、行政法规规定的其他义务。本案中，黄某某先后两次故意泄露国家安全机关依法开展工作的情

---

① 《反间谍法》于 2023 年 4 月 26 日修订，相关内容注意对照最新规定。

况，依法受到了处罚。

维护国家安全没有"局外人"，每个人都应贡献一份力量。国家越安全，人民就越有安全感；国民应当提高自身安全意识，履行好保守国家秘密、维护国家安全的义务。

第五十八条 【机关、单位违反本法的处分】
机关、单位违反本法规定，发生重大泄露国家秘密案件的，依法对直接负责的主管人员和其他直接责任人员给予处分。不适用处分的人员，由保密行政管理部门督促其主管部门予以处理。

机关、单位违反本法规定，对应当定密的事项不定密，对不应当定密的事项定密，或者未履行解密审核责任，造成严重后果的，依法对直接负责的主管人员和其他直接责任人员给予处分。

第五十九条 【网络运营者违反本法的处罚】
网络运营者违反本法第三十四条规定的，由公安机关、国家安全机关、电信主管部门、保密行政管理部门按照各自职责分工依法予以处罚。

第六十条 【取得保密资质和未取得保密资质的企业事业单位违法的处理】 取得保密资质的企业

事业单位违反国家保密规定的，由保密行政管理部门责令限期整改，给予警告或者通报批评；有违法所得的，没收违法所得；情节严重的，暂停涉密业务、降低资质等级；情节特别严重的，吊销保密资质。

未取得保密资质的企业事业单位违法从事本法第四十一条第二款规定的涉密业务的，由保密行政管理部门责令停止涉密业务，给予警告或者通报批评；有违法所得的，没收违法所得。

知识点 应取得保密资质的企业事业单位及相关法律责任

根据新修订的《保密法》，"从事国家秘密载体制作、复制、维修、销毁，涉密信息系统集成，武器装备科研生产，或者涉密军事设施建设等涉及国家秘密业务的企业事业单位，应当经过审查批准，取得保密资质"（第四十一条第二款）。因此，有关企业事业单位未取得保密资质的，不得从事国家秘密载体制作等相关工作。而"未取得保密资质的企业事业单位违法从事本法第四十一条第二款规定的涉密业务的，由保密行政管理部门责令停止涉密业务，给予警告或者通报批评；有违法所得的，没收违法所得"（第六十条）。

第六十一条 【保密行政管理部门的工作人员违法履职的处分】保密行政管理部门的工作人员在履行保密管理职责中滥用职权、玩忽职守、徇私舞弊的，依法给予处分。

第六十二条 【依法追究刑事责任】违反本法规定，构成犯罪的，依法追究刑事责任。

———————— 案例 ————————

黄某某为境外刺探、非法提供国家秘密案①

黄某某，案发前系婚纱摄影师。2019年7月，被告人黄某某通过微信聊天与境外人员"琪姐"结识。在"琪姐"的指示下，于2019年7月至2020年5月间，黄某某利用在某军港附近海滩从事婚纱摄影的便利，使用专业照相器材、手机等远景拍摄军港周边停泊的军舰，为了避免暴露自己，黄某某还采用欺骗、金钱引诱等方式委托他人为自己拍摄该军港附近海湾全景。黄某

————————

① 参见《检察机关依法惩治危害国家安全犯罪典型案例》，载最高人民检察院网，https://www.spp.gov.cn/spp/xwfbh/wsfbt/202204/t20220416_554500.shtml#1，最后访问时间2024年3月1日。

某以每周 2 到 3 次的频率，累计拍摄达 90 余次，其中涉及军港军舰照片 384 张。黄某某将拍摄的照片通过网络以共用网盘、群组共享等方式发送给境外人员"琪姐"，共收取对方提供的报酬人民币 4 万余元。经鉴定，涉案照片涉及绝密级国家秘密 3 项，机密级国家秘密 2 项。

最终，黄某某因犯为境外刺探、非法提供国家秘密罪被判处有期徒刑 14 年，剥夺政治权利 5 年，并处没收个人财产人民币 4 万元。

评析

本案中，黄某某利用在某军港附近海滩从事婚纱摄影的便利，使用专业照相器材、手机等远景拍摄军港周边停泊的军舰。此外为了避免暴露自己，黄某某还采用欺骗、金钱引诱等方式委托他人为自己拍摄该军港附近海湾全景。相关照片均通过相关软件发送给境外人员"琪姐"。其行为触犯为境外刺探、非法提供国家秘密罪。新修订的《保密法》第五条规定："国家秘密受法律保护。一切国家机关和武装力量、各政党和各人民团体、企业事业组织和其他社会组织以及公民都有保密的义务。任何危害国家秘密安全的行为，都必须受到法律追究。"因此，全体公民都应当遵守规定，保守国家秘密。

第六章　附　　则

第六十三条　【中国人民解放军和中国人民武装警察部队保密工作规定】中国人民解放军和中国人民武装警察部队开展保密工作的具体规定，由中央军事委员会根据本法制定。

第六十四条　【工作秘密管理办法】机关、单位对履行职能过程中产生或者获取的不属于国家秘密但泄露后会造成一定不利影响的事项，适用工作秘密管理办法采取必要的保护措施。工作秘密管理办法另行规定。

第六十五条　【施行日期】本法自 2024 年 5 月 1 日起施行。